NOTICE BIOGRAPHIQUE

SUR

Eugène PERRIER

PAR M. LE Dr SALLE.

Conserver la couverture

CHALONS-SUR-MARNE

IMPRIMERIE F. THOUILLE, RUE D'ORFEUIL.

1879.

NOTICE BIOGRAPHIQUE

SUR

EUGÈNE PERRIER

PAR M. LE Dr SALLE.

CHALONS-SUR-MARNE

IMPRIMERIE F. THOUILLE, RUE D'ORFEUIL.

—

1879.

NOTICE BIOGRAPHIQUE

Sur Eugène PERRIER

Par M. le Dr SALLE.

Au milieu des éloges qui ont retenti autour de la tombe de M. Eugène Perrier, éloges exprimés avec une éloquence partant du cœur par plusieurs de ses concitoyens qui n'étaient que les interprètes des sentiments de toutes les classes de la population, la Société d'Agriculture, Commerce, Sciences et Arts du département de la Marne a voulu conserver dans ses annales le souvenir d'un collègue si distingué et si regretté. C'est le but de la notice biographique dont vous avez bien voulu me charger.

Eugène Perrier naquit à Châlons le 4 juillet 1810. Il fit ses études en partie au petit séminaire, en partie au collège de cette ville. Il était fort bien doué, il fut un bon élève; il avait des goûts littéraires qui se développèrent dans le cours de ses études et qu'il cultiva toute sa vie. Aussi, en 1836, la Société académique de la Marne ayant mis au concours la question suivante : *Quels seraient les moyens de diriger vers l'agriculture l'esprit et les études*

de la jeunesse? quinze mémoires répondirent à cet appel
et Eugène Perrier obtint le premier rang. L'année suivante, il était élu membre titulaire résidant de la société,
et depuis il ne cessa de prendre une part active à ses travaux. Il remplit pendant cinq ans les fonctions de secré-
taire ; et à trois reprises différentes, en 1849, en 1860 et
en 1868, il fut appelé à la présidence. Dans les œuvres
originales comme dans les rapports sur les objets les plus
divers, on retrouvait les qualités qui le distinguaient, des
connaissances étendues, un esprit juste et un talent d'é-
crivain qui avait toujours à son service un style correct,
clair et élégant. Pour donner une idée de la variété des
aptitudes d'Eugène Perrier, je me contenterai de rappeler
ses rapports sur les questions de commerce et d'économie
politique dont on se préoccupait tant, il y a une trentaine
d'années; ses notices biographiques sur M. Pein et sur
M. Caquot; le récit intéressant d'un voyage qu'il fit en
Italie, où l'on retrouve les appréciations d'un savant sur
les terrains qui environnent le Vésuve et sur les phéno-
mènes volcaniques dont ils sont le résultat, et celles d'un
artiste sur les musées et les objets d'art dont abonde ce
pays si plein de grands souvenirs; et tout récemment, il y
a à peine quelques mois, les lectures de sa traduction de
l'histoire de la quatrième croisade et de la conquête de
Constantinople, écrite en vieux français par Villehardoin (1). Cette histoire est un des plus anciens et des plus
précieux monuments de la langue française, dû à un vieux
chroniqueur champenois. Tous ces travaux littéraires
justifient largement les palmes d'officier de l'instruction
publique qui lui ont été décernées dans ces derniers temps.

(1) Villehardoin, maréchal du comte de Champagne et de Brie,
était né près de Bar-sur-Aube, vers l'an 1160.

Ces travaux littéraires n'étaient que des études acces-
soires auxquelles Eugène Perrier ne consacrait que le
temps ravi à des occupations plus sérieuses. Il avait em-
brassé la carrière commerciale, et, à peine ses études clas-
siques terminées, il secondait son père dans la maison dont
il devait prendre la direction ; puis bientôt, s'associant à
son frère Benjamin, il consacrait toute son intelligence et
toute son activité au développement d'une industrie qui
prenait une très-grande importance : c'était la préparation
et la vente du vin de Champagne qui devait, en lui don-
nant une belle situation de fortune, l'élever à une des meil-
leures positions sociales de notre pays. Toutes les qualités
qu'il déployait et les succès qu'il obtenait furent bientôt reconnus et appréciés par ses concitoyens qui l'appelèrent au
tribunal de commerce en 1843. Pendant plusieurs années,
soit comme juge, soit comme président, il rendit des services signalés, car il réunissait toutes les qualités du juge ;
il avait la connaissance des affaires, il aimait le travail, il
avait le sens droit, la plus parfaite intégrité et une aménité
de formes qui secondait son caractère conciliant. Ce sont
tous ces mérites reconnus et appréciés qui le firent nommer
membre de la Chambre de commerce de Reims où il
porta le tribut de son expérience et de ses lumières.

M. Perrier ne prit part aux affaires de la ville qu'assez
tardivement. La présence de son frère aîné dans le Conseil
municipal était un obstacle légal qui s'opposait à son
admission ; ce n'est qu'après la retraite de M. Joseph
Perrier qu'il put en faire partie, et il y prit aussitôt le
rang que lui méritait sa valeur personnelle.

Quelque temps après, la mairie étant devenue vacante
par la démission du titulaire qui l'occupait, tous les yeux
se portèrent sur Eugène Perrier et l'opinion publique le

signala à l'administration supérieure comme l'homme le
plus capable de prendre les rênes de l'administration mu-
nicipale. Il résista opiniâtrément à toutes les sollicitations,
opposant ses occupations, ses goûts, les intérêts de sa
famille, l'importance de la maison de commerce qu'il
dirigeait, etc. Cependant, un jour, ébranlé par les instances
de ses amis et pressé vivement par le préfet, il lui répondit:
*Monsieur le Préfet, cherchez un maire ailleurs, je vous en
conjure, et si aucun de nos concitoyens en position d'en bien
remplir les fonctions ne veut prendre cette charge, j'ac-
cepterai.* Le Préfet, qui était un homme franc et droit, prit
acte de cette promesse; il employa loyalement tous les
moyens en son pouvoir pour obtenir l'adhésion des mem-
bres du conseil municipal qui lui étaient signalés, et ce
n'est qu'après leur refus formel qu'il retourna vers
M. Perrier et le mit en demeure de tenir sa promesse; il se
rendit, et en acceptant, il fit un acte de pur dévouement
qui devait bientôt être soumis à de rudes épreuves.

En prenant la direction de la municipalité, Eugène
Perrier fit voir, de suite, son activité et son esprit d'initia-
tive; il poursuivit la construction du Palais de justice;
il fit faire un plan d'ensemble pour rattacher à l'hôtel de
ville les bâtiments de la prison qui étaient abandonnés;
il appela des ingénieurs hydrauliques pour étudier la
question des fontaines, question pour laquelle il s'était
passionné, et le Conseil municipal eut à s'en occuper.

Mais bientôt les événements lui préparèrent bien d'autres
préoccupations: la guerre était déclarée et notre ville,
par sa position géographique, était destinée à en souffrir
toutes les calamités; Eugène Perrier sentait tous les devoirs qui lui étaient imposés, et le premier fait de guerre
qui se passa dans nos rues, prouva que ces devoirs
n'étaient pas sans périls. Le maire se hâta de préparer les

moyens d'atténuer le mal dans la mesure du possible. Il organisa des hôpitaux provisoires, des ambulances ; il prit des mesures pour assurer les moyens de subsistance de la population et s'efforça de concentrer des ressources extraordinaires pour suffire aux besoins qui ne tarderaient pas à se faire sentir. L'ennemi était déjà à nos portes qu'il était encore à la recette pour toucher une somme qui lui avait été annoncée par le receveur général, et c'est en sortant de ses bureaux qu'il rencontra les premiers éclaireurs prussiens qui venaient d'entrer en ville. M. le maire fut reconnu par un de ces hommes (1) qui s'emparèrent de sa voiture et l'entraînèrent par la rue Saint-Nicaise pour le faire sortir par la porte Saint-Jean. Eugène Perrier qui ne savait où cette course devait le mener, en passant devant le n° 21 de la rue Saint-Nicaise, voyant la porte s'ouvrir, un homme de cœur en sortir et s'avancer vers lui, sauta en bas de sa voiture, s'élança vers cette porte ouverte et fut suivi du propriétaire qui eut le temps de la fermer avant que les soldats prussiens, surpris par ce mouvement, aient pu s'y opposer. Ils firent monter leurs chevaux sur les trottoirs, mais ils n'employèrent pas la violence pour forcer l'entrée ; ils se concertèrent un instant entre eux, puis continuèrent leur chemin vers la porte Saint-Jean en emmenant la voiture. On proposa à M. Perrier de lui ouvrir une porte de derrière par laquelle il aurait pu rentrer chez lui par des rues détournées, sans crainte de rencontrer l'ennemi; il s'y refusa, sortit par la porte de devant et descendit la rue Saint-Nicaise pour rentrer à l'hôtel de ville.

Le lendemain l'escadron de cavalerie qui était resté la

(1) Un de ces soldats allemands avait travaillé à Châlons comme ouvrier serrurier chez M. Limaille, rue d'Orfeuil, et il était connu des gens de ce quartier.

veille en dehors de la porte Saint-Jean entra en ville. Ces soldats parcoururent les rues principales et vinrent se réunir sur la place de Ville où ils firent dresser une table, et prirent un repas qui fut servi par l'hôtel de la Haute-Mère-Dieu ; après avoir fait de nombreuses questions sur Mac-Mahon et annoncé l'arrivée prochaine d'une grande armée, ils remontèrent à cheval et évacuèrent la ville.

C'est le surlendemain (26 août) qu'arrivèrent 4 ou 5,000 cavaliers, se disant l'avant-garde du prince royal de Prusse, de l'armée de Wissembourg et de Wœrth, plus de cent mille hommes qui devaient arriver le lendemain. Cette cavalerie, après avoir pris des vivres et s'être reposée, évacua encore complétement la ville.

Nous étions donc menacés par une armée considérable et le maire déploya toute son activité pour assurer à cette masse d'hommes des vivres tout prêts à son arrivée. Mais, le lendemain, 27 août, vers le milieu du jour, deux habitants de Pogny vinrent prévenir que cette armée ne viendrait pas à Châlons : elle avait changé de direction et, de la Chaussée, elle s'était portée sur Sainte-Ménehould par toutes les voies praticables.

Ce ne fut que le lendemain, 28 août, qu'il arriva vers midi un corps de dix mille cavaliers, parti du département de l'Aube. Ces hommes se répandirent dans les rues principales de la ville et occupèrent toutes les grandes maisons. Ils mirent pied à terre, firent manger les chevaux et à cinq heures ils étaient prêts à continuer leur route. Il y eut alors un moment critique. Les chefs de ce corps avaient demandé en arrivant beaucoup de choses et, entre autres, 800 quintaux d'avoine qui devaient être livrés dans deux heures. Quand ils vinrent réclamer cette réquisition on récrimina, en objectant qu'il était impossible de réunir en si peu de temps, une quantité aussi considérable d'avoine, et les prussiens répondirent : « Si vous ne trouvez pas, nous allons charger nos uhlans d'en chercher. » Cette menace de pillage, lancée sous forme de plaisanterie, fut comprise; on chercha mieux et le maire parvint à réunir 500 quintaux dont ils se contentèrent. A sept heures du soir, ces cavaliers avaient quitté la ville, se dirigeant sur Suippes, où ils arrivèrent après avoir fait vingt lieues dans leur journée. Il était facile de reconnaître, à l'expression des visages, combien avait été cruelle l'anxiété qui avait pesé sur les esprits pendant une partie de cette journée.

Après ce départ, Châlons fut environ une semaine sans voir un étranger, mais les inquiétudes n'étaient pas moins vives et la position du maire moins difficile ; pendant cette semaine, il y eût plusieurs épisodes. La ville de Sainte-Ménehould avait été écrasée par le passage de cette grande armée du prince royal et, après son départ, elle demandait à Châlons du pain pour sa population qui manquait de vivres. M. Perrier s'empressa de leur venir en aide, il leur expédia des voitures de pain en prenant les précautions nécessaires pour qu'elles ne fussent pas enlevées par les coureurs ennemis. Dans sa marche précipitée, le corps de cavalerie dont il a été question plus haut, avait abandonné entre Suippes et Châlons une quarantaine de voitures et de chevaux qui furent recueillis et ramenés en ville par les habitants des villages voisins. M. Perrier craignant aussi que la ville ne soit compromise par ce dépôt, ne se soucia pas de le garder. Il fit prévenir le général qui était resté au camp, et celui-ci envoya un détachement qui ramena à Epernay ces chevaux et ces voitures.

C'est encore à cette courte époque de tranquillité relative que se passa le fait dont nous avons conservé le triste souvenir. Le maire avait adressé à la population des conseils dictés par la saine raison, la prudence et les intérêts bien entendus de la cité. Ils furent à la Chambre des députés l'objet d'une attaque violente qui affecta très-péniblement Eugène Perrier. Notre population indignée se réunit spontanément pour rédiger une protestation qui fut couverte, en deux heures, de plus de 3,000 signatures. Cette attaque avait été aussi absurde qu'injuste, tous ses amis le lui répétaient à l'envi, il en avait été fortement blessé et il restait profondément triste; il ne fallut pas moins que cette manifestation pour relever son courage qu'il devait employer si noblement et si utilement.

Après le désastre de Sedan, l'armée prussienne se porta sur Paris et notre ville fut occupée de nouveau, cette fois-ci d'une manière permanente et définitive. Les services rendus par Eugène Perrier furent de tous les genres et de tous les instants. Il fallait voir avec quel empressement il s'occupait de remédier au mal dès qu'une violence ou une vexation lui était signalée; il courait chez les commandants, les généraux, les intendants prussiens et, par ses démarches instantes et son influence personnelle, il obtenait très-souvent une solution favorable qui atténuait au moins le mal si elle ne le dissipait pas. Ces actes se multipliaient à l'infini en faveur des citoyens de toutes les classes, le jour comme la nuit. Jamais le maire ne faisait défaut, il était toujours au poste d'honneur. Sa sollicitude s'étendait sur tous les points. Il avait organisé des commissions qui recherchaient, étudiaient et lui faisaient connaître les ressources dont il pouvait disposer au besoin. Tous les établissements communaux devenus libres avaient été aménagés pour recevoir des soldats de passage, surtout ceux qui arrivaient la nuit, et par cette mesure, il avait allégé notablement la charge si lourde des logements à domicile. Dans le même but, il avait pris en location aux particuliers beaucoup de chambres garnies qui ont rendu

aussi de grands services. Il veillait avec grand soin à ce qu'il
y eût toujours un approvisionnement de pain de bonne qua-
lité pour suffire aux besoins de l'imprévu, qui était plus
souvent la règle que l'exception. Pour les réquisitions de
tout genre, si nombreuses et si variées, les renseigne-
ments obtenus des commissions le mettaient à même de
satisfaire aussitôt que possible à des exigences souvent
exagérées et toujours très-pressantes. Combien dans toutes
ces opérations M. Perrier n'a-t-il pas déployé d'habileté,
de tact et de prudence, et, en même temps de fermeté,
de courage et de désintéressement. Plus d'une fois, nous
avons vu son dévouement aux intérêts de ses concitoyens
s'élever au-dessus de ses affections de famille, si vives et
si profondes chez lui.

Aucune calamité ne devait nous épargner, et la peste
bovine vint imposer des devoirs et des sacrifices nouveaux.
Un superbe troupeau de bœufs, que les prussiens avaient
fait venir d'Allemagne, fut frappé par l'épizootie en arrivant dans nos plaines. Non-seulement tous ces beaux
animaux périrent en quelques jours, mais ils propagèrent
la maladie dans les étables de la ville et des campagnes,
et la perte du bétail fut doublée. Des mesures sanitaires
énergiques étant de la plus rigoureuse nécessité pour res-
treindre la contagion, assainir le pays et prévenir les
épidémies qui pouvaient atteindre les hommes, on fit
abattre les animaux malades, on fit enfouir les cadavres
dans une carrière disposée pour les recevoir, et on sur-
veilla activement les communications. On réussit à éteindre
le fléau ; et pour cela, il fallut beaucoup de zèle et beaucoup d'argent. Il en fallait encore pour venir au secours
des classes nécessiteuses auxquelles manquaient le travail
et les aliments. Le maire occupa les hommes à toutes

sortes de travaux, il fit continuer les constructions en avançant l'argent aux entrepreneurs, fit distribuer du pain aux familles et suffit à tout dans les moments les plus difficiles.

Dans ces circonstances pénibles, la question financière était de la plus grande importance et elle mit en relief le talent et l'habileté d'Eugène Perrier. Dès les premiers jours, la monnaie devint rare et menaça de manquer ; il y suppléa par des bons fiduciaires de petite valeur : ces petits cartons représentant 1 fr. et 5 fr. servirent dans toutes les petites transactions ; ils réussirent parfaitement ben, furent acceptés avec confiance par la population et, après avoir rendu beaucoup de services, ils furent retirés sans perte sérieuse. Des emprunts habilement ménagés pourvurent aux autres besoins et surtout au paiement des impôts si souvent demandés. Si, par une prudente temporisation, on a quelquefois fait oublier quelques exigences, le plus souvent les réclamations portées, même jusqu'à Reims, devant les chefs supérieurs, ont été repoussées; les démarches et les instances étaient inefficaces, il fallait se soumettre et subir le sacrifice.

Quand la crise aiguë fut passée, la capacité et le zèle d'Eugène Perrier se révélèrent sous une autre forme. La guerre cessant, il n'eut ni trève ni repos tant que la position financière de la ville ne fut pas régularisée. Il fit réunir et régler par ses commissions les bons de réquisition de tous genres qui avaient été distribués pendant cinq mois, et s'occupa de créer des ressources pour acquitter cette énorme dette. Alors surgit une nouvelle difficulté : il s'agissait de faire accepter par M. l'intendant militaire, qui était alors le premier et le seul représentant de l'autorité française, une foule de dépenses avancées par la ville, mais qui devaient incomber à l'État et dont il était juste de nous exonérer. Dans les nombreuses discussions qui s'élevèrent entre le maire de la ville et le défenseur des intérêts de l'Etat, on vit briller chez M. Perrier l'habileté du commerçant et l'expérience du juge du tribunal de commerce. Sa modération et son affabilité applanirent bien des difficultés, il tomba d'accord avec son adversaire et notre ville a dû beaucoup à son tact et à sa fermeté.

Restait la grande question des ressources à créer pour amortir cette dette et des moyens à proposer au Conseil municipal. M. Perrier chercha ce qu'on pouvait obtenir de l'octroi qui était la principale ressource ; on augmenta quelques tarifs et on soumit quelques objets nouveaux à sa perception. On pensa à imposer quelques nouveaux centimes additionnels aux quatre contributions, et, malgré quelques résistances contre lesquelles se révoltèrent l'honnêteté et la loyauté de la plus grande partie du Conseil, ces propositions furent adoptées. Elles permirent de négocier un emprunt assez important dont l'amortissement fut réglé ; et cet emprunt, réuni aux indemnités de guerre que le gouvernement promettait pour plus tard, permit de payer toutes les réquisitions, toutes les dettes de l'invasion, et d'offrir à l'Etat des sommes fort importantes pour le seconder dans la construction des casernes d'artillerie. Toutes ces mesures réussirent très-bien ; les nouveaux impôts se payèrent sans difficulté ; ils furent supportés vaillamment par notre population et paraissent l'avoir si peu fatiguée que, les dettes de la guerre payées, on pense à en continuer la perception pour en attribuer le produit à d'autres travaux aujourd'hui en voie d'exécution.

Ces beaux résultats sont dus à la capacité, au zèle et au dévouement d'Eugène Perrier, et on ne saurait trop répéter que, dans les temps malheureux que nous avons traversés, il était impossible de faire plus et de faire

mieux qu'il n'a fait. Il a été nommé chevalier de la Légion
d'honneur, et peu de ces décorations ont été aussi bien
méritées que la sienne.

La guerre terminée, on réunit une assemblée nationale.
La capacité d'Eugène Perrier était appréciée par tout le
monde ; tant de courage, tant de dévouement, tant de
services rendus le signalaient clairement au choix de ses
concitoyens. Nommé député, il accueillit avec beaucoup de
réserve cet honneur qu'il n'ambitionnait pas : il se voyait
enlevé à sa famille, à sa maison de commerce, et chargé
d'occupations contraires à ses goûts. Dans l'état de confusion
où se trouvait notre malheureux pays, on ne savait pas où la
députation pouvait conduire et quels dangers elle pouvait
faire courir. M. Perrier le sentait et sa digne épouse aussi ;
cette femme d'un si beau caractère soutenait son courage
et le poussait au sacrifice. Il y avait du bien à faire, c'était
un devoir à remplir : M. Perrier accepta, mais, comme pour
les fonctions de maire, ce fut un acte de dévouement.

Il partit pour Bordeaux ; et quand, quelques semaines
après, il revint à Châlons, il se montra préoccupé, sou-
cieux même ; il parlait avec une grande tristesse des agi-
tations et des intrigues de tous les partis qui se débattaient
autour de lui. Il voyait avec un profond dégoût les défail-
lances et les palinodies des hommes, même favorisés de
la fortune, qui se laissaient pousser par l'ambition du
pouvoir, des places, des honneurs, parce qu'il prévoyait
les conséquences dangereuses de cette disposition des esprits. Eugène Perrier était un conservateur ; son esprit
sage et modéré ne séparait pas la liberté de l'ordre et de
l'autorité nécessaire pour la faire respecter, et, dans sa carrière politique, ses votes étaient acquis aux mesures et
aux hommes qu'il croyait nécessaires à la défense de
l'ordre social. Si sa nature douce et conciliante lui a fait

faire quelques concessions et l'a fait adhérer quelquefois à
des actes que beaucoup d'autres trouvaient imprudents,
jamais il ne s'est laissé entraîner par le courant fatal des
idées qui portaient la désorganisation dans la société, non
seulement dans notre pays, mais encore dans une grande
partie de l'Europe ; et cependant la prévision de ces dangers n'avait pas porté atteinte aux convictions libérales
de sa jeunesse ; nous avons pu le voir, il y a quelques mois
à peine, dans le sein de notre Société d'agriculture, se
mettre en opposition avec ses amis pour défendre, toujours
avec modération, toujours avec courtoisie, mais avec une
grande fermeté, les idées libérales qu'il soutenait il y a
vingt ans, il y a trente ans. Jamais il n'a transigé avec sa
conscience ; le mouvement qui se faisait autour de lui ne
l'a jamais ébranlé ; il a quitté la carrière législative avec
les convictions qu'il avait apportées en y entrant.

En dehors du rôle politique, toutes les qualités que
réunissait M. Perrier le rendaient un député précieux
pour ses concitoyens. Toujours affable et bienveillant, l'ad-
ministré qui avait besoin de ses services était toujours
bien accueilli et trouvait en lui un protecteur qui ne mé-
nageait ni ses peines ni ses démarches pour lui être utile.
Pour la défense des intérêts généraux de la ville, soit
qu'il s'agit de la faire exonérer de sommes indûment
réclamées, soit qu'il fallût lui faire obtenir une part équi-
table dans les indemnités qui se distribuaient, il déployait
toute son habileté, soutenue par un zèle, une activité
infatigables. Enfin qui saurait dire quelle part ont eu ses
efforts, ses démarches et son influence personnelle dans
l'installation de l'école d'artillerie, si importante pour notre
ville.

Dans le même temps, des questions très-sérieuses, qui
préoccupaient beaucoup l'esprit public, soumirent à une

nouvelle épreuve le caractère, la prudence et la sagesse d'Eugène Perrier.

Après les tristes événements de 1871, les fabricants alsaciens de draps communs, voyant leurs produits mal reçus en Allemagne, repoussés par les droits de douanes du marché français sur lequel ils se vendaient avantageusement, eurent la pensée de se réfugier en France. D'un autre côté, la ville de Châlons, dont la population n'est pas serrée, songea à profiter de la circonstance pour attirer vers elle de nouvelles industries. Des relations s'établirent entre les populations de ces deux pays; une réunion d'industriels alsaciens vint visiter notre ville, étudier ses ressources et voir quel parti on pourrait en tirer ; plusieurs de nos concitoyens se rendirent à Bischviller pour apprécier, de leur côté, ce qu'il y avait de possible, et ils en revinrent en rapportant une impression très-favorable à la population alsacienne.

Les visiteurs alsaciens reconnurent tout de suite qu'il y avait tout à faire à Châlons ; il fallait créer l'industrie, construire des ateliers et amener une population ouvrière. Leurs établissements à Bischviller étaient dans la campagne; presque tous leurs ouvriers avaient, dans leur village, une maison avec un jardin ou un petit champ; ils vivaient de peu et se contentaient de salaires très-modestes (1 fr. 50 ou 2 fr. pour les hommes, 75 cent. pour les femmes). A Châlons, le prix de tous les objets nécessaires à la vie était beaucoup plus élevé que dans leur pays ; la journée de travail était à peu près le double, et les ouvriers avaient des besoins de confortable et des habitudes de dépenses qui sont facilement contagieuses. Puis il y avait le voisinage de Reims, où les salaires élevés donnés par les fabriques de lainage devaient nécessairement entraîner les ouvriers amenés à Châlons, si on ne leur faisait pas les mêmes avantages. Il ne fallait donc pas penser à fabriquer des draps au bas prix qui permettait une vente avantageuse. En présence de ces faits évidents, irrécusables, résultant de la force des choses, les honorables fabricants, réfléchis, bien posés, abandonnèrent l'idée de cette transportation et se retirèrent immédiatement.

Eugène Perrier comprenait la difficulté aussi bien qu'eux; son expérience, son sens droit, ne lui permettaient pas de se faire illusion. Cependant, dans son grand désir d'arriver à un résultat, il résolut de seconder toutes les tentatives des esprits aventureux en présence desquels nous étions restés. Au don gratuit de tous les terrains nécessaires pour l'établissement annoncé des fabriques, la ville ajoutait l'offre de garantir 5 p. 0/0 d'intérêts, pendant vingt ans, à un emprunt de 600,000 fr., devant procurer les fonds nécessaires aux constructions. Elle prenait aussi à sa charge les frais de transport du matériel jusqu'à concurrence de 100,000 tonnes. Tout cela n'eût pas suffi : il fallait, en outre, loger les ouvriers que l'on ferait venir de Bischviller. Nos concitoyens ne se montrèrent pas disposés à aménager des logements pour les recevoir et à faire des dépenses qui avaient toujours quelque chose d'aléatoire. C'est alors qu'il fut question de construire une cité ouvrière, et la ville offrit encore une subvention pendant vingt ans de 2 p. 0/0, jusqu'à concurrence de 600,000 francs ; tout cela n'aboutit à rien (1).

Ces sacrifices, qui n'ont été offerts par aucune autre ville de France, formaient un chiffre considérable qui pouvait grever d'une manière désastreuse les finances de la ville, dont les honorables fabricants de Bischviller se

(1) Votes du Conseil municipal dans les séances du 8 et du 20 mai 1872. V. registre des délibérations du Conseil municipal, p. 97 et 115

sont plu à reconnaître la générosité. Jamais ils n'ont réclamé formellement les terrains du Jard. S'ils n'ont pas accepté nos offres et s'ils se sont dirigés vers d'autres contrées, c'est qu'ils étaient guidés par des raisons industrielles et par une intelligente appréciation de leurs intérêts. Ils sont allés à Elbeuf, à Sedan, à Vire, parce qu'ils trouvaient dans ces villes des usines à louer ou à acheter à des prix avantageux, des moteurs hydrauliques, des ouvriers nombreux, des capitaux habitués aux emplois industriels et des marchés depuis longtemps fréquentés, sur lesquels ils espéraient trouver un écoulement facile de leurs produits.

Après la retraite des premiers visiteurs de Bischviller, l'affaire prit un aspect différent et la question industrielle fut un peu écartée. Ce sont des spéculateurs qui demandèrent le terrain du Jard, dont les arbres venaient d'être abattus, à l'exclusion de tout autre, pour en faire la base d'un emprunt. Ils ne faisaient valoir aucun motif de cette préférence; ils ne donnaient aucune raison pour démontrer que des établissements industriels seraient mieux placés au Jard que partout ailleurs. La ville refusa de se dessaisir d'un emplacement qui lui était précieux pour sa promenade, dans l'intérêt d'une spéculation dont elle ne voyait pas clairement le but (1).

(1) Pour arriver à une entente, on organisa une conférence officieuse formée : 1° de quatre conseillers municipaux, deux pris dans la majorité et deux dans la minorité, tous quatre ayant fait le voyage de Bischviller ; 2° de deux délégués des industriels alsaciens; 3° d'un de nos compatriotes, très-versé dans les opérations financières, qui voulut bien prêter à sa ville natale le concours de son expérience; 4° et d'un autre de nos concitoyens chez qui la conférence se réunit.

Les châlonnais renouvelèrent les offres de la ville : don gratuit de tous les terrains nécessaires, garantie de 5 p. 0/0 d'intérêts pour

Enfin tout se réduisit à l'arrivée de quelques métiers, accompagnés d'un groupe d'ouvriers. Quoique tout fît prévoir l'insuccès de cette entreprise qui se présentait mal, M Perrier, ayant offert des terrains pour favoriser toutes les tentatives, voulut tenir à sa promesse quand même, et, à cet effet, il décida le Conseil de la ville à l'achat d'un champ qui fut réuni à l'usine de l'allée de Forest. Les métiers furent montés et mis en mouvement pendant quelques temps ; puis le travail cessa, les ouvriers se dispersèrent et tout fut fini (1).

On fut plus heureux avec Metz : une fabrique de papiers peints, qui existait sous les murs de cette ville, vint se fixer à Châlons, qui donna plus de 12,000 mètres de terrain sur le boulevard St-Antoine, qui contribua, en outre, pour les

un emprunt de 600.000 fr. destiné aux constructions industrielles, autre garantie de 2 p. 0/0 en faveur des cités ouvrières, et frais de transport de 100,000 tonnes. Pour réciprocité, ils demandaient qu'on s'engageât à soutenir la fabrique pendant les 20 ans que devait durer la garantie des emprunts. Les délégués alsaciens refusèrent, parlant de 3 ans, ou au maximum, de 5 ans ; ils demandaient le Jard, et exclusivement le Jard, pour y élever des ateliers et des habitations particulières. Aux propositions si claires, si nettes de la ville, ils ne répondirent rien de précis, rien de positif. Il fut impossible de s'entendre. Traiter sur une pareille base, c'était risquer de compromettre, sans compensation, les plus graves intérêts de la ville.

(1) Dans cette affaire, le maire de Châlons a été jusqu'à la dernière limite de la prudence, et il est heureux qu'il n'ait pas été pris au mot dans une des phases de ces négociations. Depuis, sept années se sont écoulées et le temps a parlé; ces tentatives de transplantation de l'industrie de Bischviller n'ont réussi nulle part; il est probable qu'il en aurait été de même pour notre pays. Aujourd'hui, nous aurions des bâtiments abandonnés et peut-être des ruines, en compensation des immenses sacrifices faits par la ville de Châlons et qui la grèveraient encore pour longtemps.

deux tiers, dans la dépense de construction d'un égoût établi au fond du fossé, et fit quelques autres petits avantages. Le chef de cet établissement était habile ; il possédait les ressources nécessaires pour un déménagement et pour une nouvelle installation ; un vaste bâtiment fut élevé, les ateliers établis furent suivis d'une population ouvrière de 2 ou 300 personnes. Le bon goût, le talent présidant au travail bien dirigé conservèrent une clientèle qui assura tout de suite la prospérité de la fabrique transplantée.

Eugène Perrier n'avait pas ambitionné les fonctions législatives, et il les quitta sans regrets. Si, quelque temps après, il resta sur les rangs comme candidat au Sénat, c'est qu'il pensait ne pas pouvoir refuser cette déférence à ceux de ses concitoyens qui la lui ont demandée.

En rentrant dans la vie privée, Eugène Perrier reprit ses occupations antérieures ; les événements passés n'avaient pas porté la moindre atteinte à son caractère, plus que jamais bon, bienveillant, affable pour tout le monde ; jamais un mot aigre ne sortit de sa bouche, jamais un reproche n'effleura ses lèvres, jamais un sentiment haineux ne pénétra dans son cœur. Son courage et sa piété lui firent supporter avec résignation les malheurs qui le frappaient à coups redoublés. Il a pu trouver dans son inépuisable bienfaisance quelques consolations à ses chagrins de famille, secourant toutes les misères qui lui étaient signalées, rendant heureux tous ceux qui l'entouraient, faisant du bien sous toutes les formes, en un mot, mettant en pratique toutes les vertus chrétiennes rappelées par le vénérable évêque de Châlons, dans le suprême adieu qu'il adressait à Eugène Perrier, au moment où il en recevait la récompense dans un autre monde.